Género Ficción realista

I0901292

Pregunta esencial
¿Qué tradiciones conoces?

La colcha de los recuerdos

Sarah Hughes
ilustrado por Jill Dubin

—Lina, mira —dijo la abuela—. Mi mamá empezó esta colcha cuando yo tenía tu edad.

—¡Qué bonita! —dijo Lina—. ¿Es de antes de que yo naciera?

—Sí —dijo mamá con voz suave—. Eran tiempos difíciles. No había dinero ni libertad. Mi abuela la empezó con pedazos de tela vieja.

—Cada cuadro cuenta una historia familiar —dijo mamá—. Mira al abuelo, fue un gran lector. Y este fue nuestro primer televisor.

A Lina le sorprendió el aspecto del televisor. Era chistoso.

AHORA COMPRUEBA

¿Qué le parece chistoso a Lina?

—¿Qué podemos bordar en nuestro cuadro? —preguntó papá—. ¿Lina de pequeña con paraguas e impermeable?

—Bordemos el naranjo que plantamos juntos —dijo Lina.

A todos les gustó la idea.

—Usemos esta foto —dijo Lina.

—Tenemos que reducirla. Así cabrá en el cuadro —dijo mamá.

AHORA COMPRUEBA

¿Qué historia contará el próximo cuadro de la colcha?

—Mañana buscaré retazos de tela —prometió mamá.

Lina estaba feliz. Haría su propio cuadro para la colcha.

Detective del lenguaje ¿Cuál es el predicado de la oración subrayada?

Lina y su papá se levantaron pronto. Ambos prepararon el desayuno para todos. Lina estaba lista para empezar.

—Primero se cose bien el cuadro —dijo la abuela.

No parecía difícil.

—¿Puedo probar yo? —preguntó Lina.

—Claro. Es fácil. Solo debes practicar —dijo la abuela.

Lina puso el relleno. Luego, la abuela terminó de coserlo.

¡Ya está!

Detective del lenguaje ¿Cuál es el predicado de la oración subrayada?

—La colcha estará con nosotros un año —dijo mamá—. Luego se la daremos a tus primos.

—¡Me gustaría hacer una colcha todos los días! —dijo Lina.

AHORA COMPRUEBA

¿Cuánto tiempo tendrá Lina la colcha?

Respuesta a la lectura

Volver a contar

Vuelve a contar *La colcha de los recuerdos* con tus propias palabras.

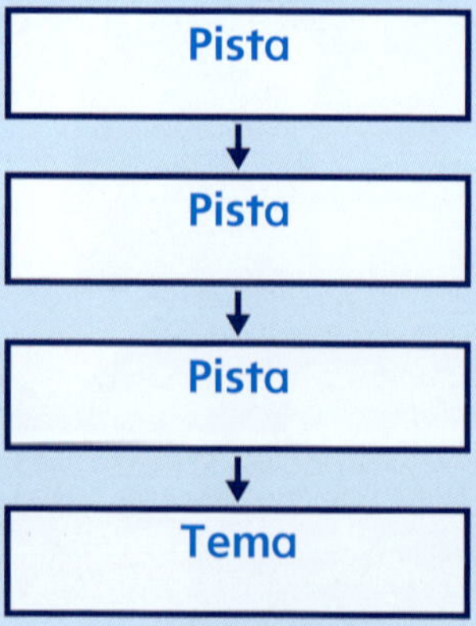

Evidencia en el texto

1. Mira la página 11. ¿Cómo continuará la tradición? Tema
2. ¿Cuál es el tema del cuento? Tema
3. ¿Cómo sabes que *La colcha de los recuerdos* es un cuento de ficción realista? Género

Género No ficción

Compara los textos

Aprende cómo se hace una colcha.

Hacemos una colcha

La gente hace colchas por diferentes razones. Las colchas nos protegen del frío. Las colchas también pueden contar historias. Hacer colchas es divertido. No importa la razón. Toda colcha comienza con un cuadro.

Cómo hacer el primer cuadro

1. Corta dos cuadros de tela iguales.
2. Con un adulto, cose tres de los lados del cuadro.
3. Pon el relleno.
4. Cose el lado que falta para cerrar el cuadro.

Haz conexiones

¿Con qué objetivo las personas hacen colchas? **El texto y otros textos**

Enfoque:
Género

Ficción realista Un cuento de ficción realista relata sucesos que podrían ocurrir en la vida real.

Lee y descubre En *La colcha de los recuerdos,* los personajes son imaginarios, pero se comportan como personas comunes. Hacen cosas que podrías hacer tú.

Tu turno

Comenta con la clase alguna tradición de tu familia. Dibuja tu tradición y escribe una oración para describirla.